劇的にコミュニケーション力が上がる
大人の雑談力

監修 桐生稔

はじめに

「あなたの話、面白いですか？」

突然、嫌なことを聞いてすいません。

でも、雑談を語る上でとても大事な質問です。
なぜなら「面白い」と答えた人は、かなり危険信号だからです。

思い出してみてください。楽しかった雑談を。

・いろいろ話していたらあっという間に時間が過ぎた

・ちょっとしたあいさつでとてもいい気分になれた
・相手のことも知れてすごく素敵な時間だった

きっと、「何を話したかはよく覚えていないけど、味わった気分はずっと覚えている」そんな雑談が多いはずです。

だから面白い話を展開する必要は一切ないのです。
それよりも、「なんだか話しやすかった」「一緒にいて楽しかった」「自然に会話が盛り上がった」そんな感情とムードをつくれる人が雑談の達人です。

では、どうやってそんな感情を演出するか。
その答えを本書にすべて記載しました。
難しいことはありません。ほんの少し工夫する。これだけです。

例えば、

Ａさん：「映画よく観ますか？」
Ｂさん：「あまり観ないです」
Ａさん：「そうですか」
Ｂさん：「……」

これでは会話が終了してしまいます。

そこで、もうひと言、足してみます。

Ａさん：「映画よく観ますか？」
Ｂさん：「あまり観ないです。ただホラーは好きです」
Ａさん：「え！　ホラーですか！」
Ｂさん：「そう、怖いのに思わず観ちゃうんです（笑）」

ワンワード追加するだけで、会話が続く素材がテーブルにのります。

質問も少しだけ工夫してみます。

「休みの日は何をしてるんですか?」

これだと質問がザックリしすぎてて答えにくいです。

そこで、こう質問してみます。

「お休みの日は、アウトドア派ですか? インドア派ですか?」

アウトドア派、インドア派、ケースバイケースなど、先ほどよりも答えやすくなると思います。

話を聞くときも、ただ聞くだけでは盛り上がりません。

「ほ〜」「はぁ〜」「へ〜」とか、「え!」「ウソー!」と驚愕ワードを入れたり、「そうでしたか〜」「それはすごい経験でしたね」とフィードバックしたり。

ひと言追加するだけで、相手は随分話しやすくなります。

雑談が上手い人、下手な人の違いは、本当に紙一重です。

生涯使える色あせないスキル

最近では、

「会話がひと言ふた言で終わってしまう……」

「話すネタがみつからない……」

「話すことに躊躇《ちゅうちょ》してしまう……」

そんな声をよく耳にします。その結果、会話を避けてしまう、話すと疲れる、だからあまりコミュニケーションを取らない、そういったかたが増えています。

この声はコロナ以後、ますます加速しています。なぜならリモートワークが急増したおかげで、話す機会が大幅に減ったからです。

だからこそ、本書を手に取っていただきたいのです。

良好な人間関係はコミュニケーションからしか生まれません。

雑談は、いつでも、どこでも、誰とでも「こんにちは」からはじめられるコミュニケーションです。まさに人間関係を豊かにする潤滑油です。

人と人とのご縁を紡ぐ、生涯使える大事なスキルが本書に詰まっています。

ぜひ気になるところから読み進めてください。

そして一つでも実践してみてください。

きっと、あなたの人間関係を劇的に変化させる会心の一冊となるはずです。

監修　株式会社モチベーション＆コミュニケーション　桐生稔

CONTENTS

もくじ

Chapter 2

話が自然に盛り上がる

リアクション

Chapter 3 気まずさとバイバイ 話を広げるコツ

Chapter 4

そつなく会話をリードする

話をかえるコツ

Chapter 5

次のチャンスにつなげる
話を終えるコツ

Chapter 1

最初のひと言

さらっと好印象につなげる

雑談が苦手な人にとって、「話のとっかかり」は、非常に高いハードルだと感じられるかもしれません。

はじめのひと言が、その後に続く会話に大きく影響するからですね。

淡白な会話で終わってしまうのが「物足りない」と思ったり、いい感じに場が盛り上がらなかったことを後悔することもあるでしょう。

でも、ここで紹介するテクニックを使えば、人と雑談することの抵抗感が薄まって行くはずです。

さあ、人づきあいがもっと楽になる第1章の扉を開いてみましょう！

CASE 01

初対面で話のとっかかりをつくりたい

無難に天気の話をする

A　こんにちは。はじめまして、○○です。
B　△△です。よろしくお願いします。
A　今日は本当に暑いですね。
B　そうですね。

…………

A　はじめまして、××と申します。
B　◎◎です。今日はよろしくお願いします。
A　今日はとっても風が強いですね。
B　ええ、そうですねぇ。

パッと目についた物をほめる

A　こんにちは。はじめまして、○○です。

B　△△です。よろしくお願いします。

A　おしゃれなオフィスですね。

B　そんなことないですよ。

A　いや〜、こんなにすてきなオフィスで仕事ができるなんてうらやましいです。

B　ありがとうございます。実は、作業に集中できるように、物と物のスペースを広く空けているんです。

A　デスクやイスもゆったりと置かれていて快適そうですね。

初対面の人と話をするとき、あいさつの次に「今日は暑いですね」「今週は雨ばかりですね」と、天気の話をしていませんか。

天気は誰とでも気軽に話せる定番の話題ではありますが、ベストとはいえません。「今日は暑いですね」と話しかけても、「そうですね」で終わってしまうことが多く、話を広げるのが難しいからです。

おすすめは、パッと目についた物をほめること。相手の名前、服装、部屋の雰囲気、なんでも構いません。とにかくほめるのです。ほめられて嫌な気分になる人はいませんし、ポジティブな話題を振ることで場の雰囲気が和みます。相手が「そんなことないですよ」と謙遜しても、「いや〜、〇〇です」と返して会話を膨らませることもできます。

ただし、過剰にほめたり、深入りすると、相手を困らせてしまうのでやめましょう。あくまで会話のきっかけになるよう、さらっとほめるくらいでいいのです。

初対面で話のとっかかりをつくりたいときは、

目についた物をほめる

CASE 02

出会い頭にほどよいあいさつがしたい

元気よく、「お疲れさまです！」

エレベーターで先輩と出くわす

A　お疲れさまです！

B　ああ、お疲れさま。

A、B　……（沈黙）

トイレで上司と出くわす

A　おはようございます！

B　ああ、おはよう。

A、B　……（沈黙）

あいさつの後にひと言添えてみる

エレベーターで先輩と出くわす

A　お疲れさまです。先日、先輩に教えていただいたお店に行ってきましたよ！

B　おお、あの店は安いのに極厚の肉が食えるからね。何食べたの？

トイレで上司と出くわす

A　おはようございます！　今日のニュース、ご覧になりましたか。台風が九州に接近していますが、ご実家は大丈夫ですか？

B　どうりで雨が強いわけだね。あっちは風がすごいらしいけど、思ったほどではないらしいよ。

廊下で同僚とすれ違ったとき、トイレで上司に出くわしたときなど、「こんにちは！」「お疲れさまです」など、ひと言あいさつを述べるだけでもよい雰囲気はつくれます。

ただ、そこで共有できる時間はほんの一瞬ですので、可もなく不可もなくの対応です。どうせ言葉を交わすなら、相手によい印象をもってもらいたいですね。そのためのほんのひと工夫で「気持ちの交流」がうまれる雑談ができます。

まず、「プラスのあいさつ」を加えることを心がけてください。最初の声かけの後に、ちょっとした言葉をつけ加えるのです。例えば、「週末はどこか行かれたのですか？」とか、「昨日の大雨、ご自宅は大丈夫でしたか？」などです。ポイントは、相手の関心事を織り交ぜることです。

プラスのあいさつを聞いた相手は、淡白にあいさつだけで終わらないやり取りに、「自分のことに興味をもってくれている」と感じるため、きっとよい会話が生まれるはずです。手始めに、相手がどんな人で、どんなことに興味があるのか、関心をもってみましょう。

出会い頭にほどよいあいさつがしたいときは、

相手の関心事を織り交ぜたプラスのあいさつを心がける

CASE 03

共通点がなくても話すきっかけがほしい

共通の話題が見つかるまで話をかえる

A　僕、野球観戦が趣味なんですが、何かスポーツを見られますか？

B　いいえ、あまりスポーツは見ないです。

A　じゃあ、映画鑑賞とかはお好きですか？僕は毎週末映画館に行きます。

B　ごめんなさい、その方面も疎くて……音楽鑑賞は好きなんですが。

A　えーっと……僕は音楽についてはてんで詳しくないんです。

相手の話を深掘りしてみる

A　僕、野球観戦が趣味で、応援しているチームの試合はすべて録画しているんです。

B　へえ！　私は野球は全然詳しくないのですが、ずっとお好きなんですか？

A　ええ、物心ついたときからグローブと友達でした。野球ばかりの少年時代で。

B　それはすごいですね。今でも野球はされるんですか？

A　時間があれば仲間を集めて草野球しています。よかったら今度見に来ませんか。

B　はい、ぜひ誘ってください！

相手のことをよく知らない場合、共通の話題がなくて困ることがあります。お互いの共通点を見つけようと、いろいろな話を出し合うのに、いまいち盛り上がらない……こんな経験ありますよね？　そんなときは、根本的に考え方をかえることをおすすめします。共通の話を見つけようと必死になることをやめてみるのです。

もしも、自分が知らない話をされた側だったとしたら……それは、知らないことをはっきり伝えた上で、相手から詳しく話を引き出してみるチャンスです。その際、その話題について、「昔はどうだったのか」「今はどうなのか」を軸にして聞いてみると、話がしやすくなりますよ。

逆に、話を自分からスタートさせる場合はどうするのか。共通の話題を探してアレコレ話をかえるのは賢明ではありません。例えば、「私は●●が好きなんですけど、あなたはどうですか？」と相手に回答権を振るのです。たとえ自分の興味とは違う話題を振り返されても、「わからなければ聞く」の形に持ち込むことができます。

共通点がなくても話すきっかけがほしいとき、

共通しない情報にフォーカスして、相手の話を深掘りして聞いてみる

CASE

04

無難な雑談ネタで話がしたい

「木戸に立てかけし衣食住」の話題を振る

A　また肌寒い季節になってきましたね。

B　はい。衣替えの時期ですね。

A　でも私は冬が好きなんです。

B　そうですか。私は夏が好きですね。

…………………………

A　ご兄弟はいらっしゃるんですか？

B　いいえ、一人っ子です。

A　そうですか、私も一人っ子です。

B　そうなんですね。

「日常ですること」から話題を探す

A　最近、金欠気味なんです。
B　何か大きな買い物でもされたんですか？
A　高価なロードバイクを購入してしまって。給料ひと月分くらいの……
B　へぇ〜！　高い買い物ですね。

A　最近、寝る前にワインを飲むと寝つきがいいの。
B　なかなか寝つけない理由があるの？
A　うん、ちょっと仕事で心配事があって。
B　大丈夫？　いつでも相談にのるよ！

一般的に誰にでも話がしやすい雑談ネタとされるものがあります。「木戸に立てかけし衣食住」です。「木戸に立てかけし」とは……き＝季節、ど＝道楽、に＝ニュース、た＝旅、て＝天気、か＝家族、け＝健康、し＝仕事の話題です。

しかし、これらは万能ではありません。話したニュースを相手が知らなければ会話が成り立ちませんし、家族や仕事の話も、なかなか広げにくかったりします。では、誰にでも通用するような話のネタはあるのでしょうか。

あります。人が、日常生活の中で必ずすることを話題にすればよいのです。それは、「食べること」「働くこと」「お金を使うこと」「寝ること」「動くこと」、この5つです。食べることであれば、「毎日、ランチはどこで食べているんですか？」、動くことであれば、「週にどれくらい運動されていますか？」などを質問し、相手の答えからお互いの共通項を見つけていくという方法がおすすめです。寝ないで生きている人や、お金を使わないで生活している人はいませんからね。

無難な雑談ネタで話がしたいときは、

日常生活で必ずすることを
話してみる

CASE 05

話の輪に入りたい（複数人の場合）

聞き手に徹して無理に話さない

A　海釣りに行って、日焼けしたよ。

B　（無言）

C　何を釣りに行ったんですか？

A　アジが釣れたよ。二人は釣りするの？

C　昔、父と川釣りによく行ったものです。

B　そうなんだ～……（沈黙）

A　僕は海ばっかりだから、川釣りは経験がないな。面白い？

C　川遊びもできて、楽しかったですよ。

聞き役をしながら話す機会をうかがう

A　海釣りに行って、日焼けしたよ。

B　へぇ～。

C　何を釣りに行ったんですか？

A　アジが釣れたよ。二人は釣りするの？

C　昔、父と川釣りによく行ったものです。

B　僕はしないけど、海の魚も川の魚も大好きだよ。この前、マグロの解体ショーをしてくれる店を見つけたんだ。

A　食べる専門なのね。そのお店気になる！

C　私も行ってみたいです！

B　じゃあ今度の休みに予約してみるね。

複数人で会話をしている場合、知らない話題になってしまうとつい無言になったり、無表情になったりしていませんか？　まずは、話には無理に加わらず、聞き役を演じるのも悪くありません。その場の雰囲気が気まずくならないように笑顔で聞くようにしましょう。

ただ、聞き役だけに徹してしまうと、本当に相づちを打つだけでその場の会話に馴染めず終わってしまうかもしれません。話の輪に加わりたい場合は、会話の中で自分が話せそうなキーワードがないか、注意しながら話を聞いてみましょう。少しでも興味があるのなら、思い切って質問をしてみると、うまく輪に入っていけることがあります。

ポイントは、気になった話を提供してくれた相手に、「きっかけ」「理由」「魅力」を質問してみることです。例えば、「それに夢中になったきっかけは何ですか？」のような質問です。「こんな質問をしてもよいのかな」と戸惑うこともあるかもしれません。でも、気負いすぎずにチャレンジしてみてください。

話の輪に入りたい場合は、

自分が話せそうなキーワードを待ちながら聞き役を演じる

CASE

06

気まずい沈黙を打ち破りたい

急いで他の話題を考える

A　今日は防災の日ですね。

B　そうですね。（沈黙）

A　えーと、9月ってお月見もありますね。

B　そうですね。（沈黙）

……………………

A　最近、コーヒーにハマってるんです。

B　そうなんですね。（沈黙）

A　実は、ジョギングも始めたんです。

B　へぇ～。そうなんですね。（沈黙）

前にしていた話題に戻す

A　今日は防災の日ですね。
B　そうですね。（沈黙）
A　そうそう、防災の日といえば、最近の非常食はすごくおいしいんですよ。いろいろ備蓄してます。
B　そうなんですか？　例えばどんな？

A　最近、コーヒーにハマッてるんです。
B　そうなんですね。（沈黙）ということは、自分でラテアートとか作っちゃうとか？
A　ちょっと挑戦しようと思ってるんです。

会話をはじめたはいいけども、すぐに話がとまってしまい沈黙時間ができてしまうこともありますよね。そんなときは、ちょっと脳内パニックになってしまいませんか？

そこで無理に違う話題を探しても、相手に「必死で話題を探しているな」「つまらないのかな」などと思われてしまいます。何より、自分でもあまり興味のない、うわべだけの話題を振っても、またすぐに沈黙がおとずれることになりかねません。

場に沈黙がおとずれたときは、今までしていた話の中から、新しい展開ができる話題を見つけ、「そういえば」や「その話で思い出しましたけど」などとつなげると、再び話しやすい空気になっていくでしょう。

また、前の話はきっぱり忘れ、自分にとって最近身近に起こった体験談や思ったことを「実は最近こんなことがあって」と話しはじめるのもおすすめです。まずは落ち着いて、ゆっくり低い声で話せば、話しやすい空気がつくれます。

沈黙がおとずれたときは、前の話に戻ったり、自分が話しやすい身近なことを話す

CASE 07

無口な人、苦手な人とも話がしたい

無難な話題を振って、じっくり相手を観察する

A　休日は何されていますか？
B　料理、ですかね……
A　どんなものつくるんですか？
B　なんでも……

・・・・・・・・・・・・・・・・・・

A　最近ハマっていることは、ありますか？
B　時間もないし、特にないね……
A　そうですか……
B　うん……

相手の懐に飛び込んで、突っ込んだ話をしてみる

A　休日は何されていますか？

B　料理、ですかね……

A　ご家族と料理されたりもするんですか？

B　ええ、ケーキとかを焼いたりしますよ。

A　え！　もしかして料理学校に通ってたとか？

B　現在進行中で3年ほど通っています！

・・・・・・・・・・・・・・・・・・・・

A　最近ハマっていることは、ありますか？

B　時間もないし、特にないね……

A　でも、いつも使っている文房具はこだわりを感じますよ。お好きなんですか？

無口な人や、苦手な人に対して、なかなか話しかけづらいというのは誰でも思うことでしょう。でも、職場などが同じであれば、そうした人と言葉を交わさずに過ごすことは難しいですよね。今後、その相手とうまくつき合っていけるようにしたいなら、相手のペースに合わせて話しかけ、雑談を通じて打ち解けてみるようにしましょう。

苦手な人には、やさしく、ソフトな印象を与えながら話を進めていくのがおすすめです。話しかけに対して、思うようにいい返事がなかったとしても、沈黙を恐れず相手の言葉を待ってみたり、相手が話しやすいように、まずは自分の知っている相手の情報や、好きなことを話してみたりするのもいいですね。

苦手意識があるのは、相手のことをよく知らないせいかもしれません。ちょっと相手のことを観察してみたら、意外な一面が見えて、仲良くなれたりすることも。また、飲み会でプライベートの様子などを質問してみたりすると、普段目にしている相手の姿だけでなく、違う側面を知るよいきっかけになるはずです。

無口な人、苦手な人とも話がしたいときは、

突っ込んだ話を振って、
相手の新たな側面を
見つけてみる

CASE 08

相手から話を広げてもらいたい

話しかけやすそうな雰囲気を出す

A　（名刺を渡して）
　　Aと申します。よろしくお願いします。

B　頂戴します。Bです。

A　よろしくお願いします。

……………………………………

A　お爪がきれいですね。

B　あ……どうも。

A　お手入れされているのがわかりますよ。

B　ありがとうございます。

話のネタになる小物やフレーズをもつ

A　（絵のついた名刺を渡し）
Aと申します。よろしくお願いします。
B　どうも、Bです。この絵はなんですか？
A　大好きなキャラを入れてもらいました。
B　へぇ、どれくらい好きなんですか？
A　ベッド脇は、このぬいぐるみで一杯です。

……

A　お爪がきれいですね。何か特別なケアをされていますか？
B　実は、週一でサロンに通ってます。
A　やっぱり！　ツヤが違うと思いました。

何から話したらいいかわからないから、相手から話しかけてほしいという人は、話しやすそうな雰囲気を出すだけでは十分ではありません。相手がつい話しかけたくなる小物や、話のきっかけになりやすいフレーズを用意しておくといいでしょう。

例えば、自分の名刺やＳＮＳのプロフィール欄を工夫して、突っ込みたくなる要素を入れてみたり、個性的なペンを使ってみたり、スマホカバーに凝ってみるのもいいかもしれません。話のきっかけになりそうな物ならなんでもいいのです。

また、相手がそういった物を持っているときは、触れてあげるのも大切です。それによって、相手が話を広げてくれることになります。

話のきっかけになりやすいフレーズは「何か特別なことをされていますか？」という質問です。相手が気づいてほしいポイントを見つけ、教えてほしいと話を振ると、雑談も広がりやすくなります。

相手に話を広げてほしいときは、

特徴のある小物を持ったり、相手が話したくなる言葉かけをする

CASE 09

テレワーク中に雑談したい

その都度、共有したいことをつぶやく

オンラインチャットで

A　この案件について、何か意見ある人？
B　あ〜疲れたなぁ。ちょっと休憩しない？
A　え……まだ話途中だけど。
B　いいじゃん、堅苦しいこと言わずに。
C　私も疲れた。昨日夜更かししすぎて。
B　何かやってたの？
C　うん、新作のゲームに夢中でさ。
A　あれ、Dさんいる？　コメントないよ。
D　えっ？　ちゃ、ちゃんと見てるよ。

雑談タイムや雑談チャンネルを設ける

オンラインチャットで

A　だいぶ話しましたね。ちょっとだけ雑談タイムにしませんか。

B　実は、最近テレワーク中の癒しが一つ増えたんだ。

C　なになに？　教えて。

B　ハンドドリップコーヒーをはじめたの。

A　自分でコーヒー豆をひいていれるやつ？

B　そうそう、手間はかかるけどちょっとした気分転換にぴったりなんだ。

C　香りでアロマ効果もありそうだね。

D　アロマといえば、私は香水にハマッてる。

近年、テレワークをするケースが増え、対面での雑談の機会がなくなってしまったことで、これまでと勝手が違ったコミュニケーションのとり方に悩んでいる人がいます。

私からのおすすめは、ＳＮＳやウェブ上のワークスペース内で時間を区切って雑談をすることです。相手が見えないからこそ、言葉にして「この時間帯は雑談だ」と共有することで、ダラダラ話が続くこともありません。また、話に加わりたくない人は一歩下がって静観することもできます。

動画を共有して話ができる場合は前述の通りですが、メッセンジャーアプリのような文字だけでのやり取りだったとしても、基本的には同様の対応ができます。「雑談タイム」として時間を区切れば、それぞれが思い思いのコメントをしたり、お気に入りのスタンプを送り合うなどして盛り上がればよいのです。そうした他愛のない会話を楽しむ場が共有できれば、距離が離れていてもストレスなくコミュニケーションがとれるようになるでしょう。

テレワークで雑談がしたくなったときは、ウェブ上で雑談タイムを設定し時間を共有する

Chapter 2

話が自然に盛り上がるリアクション

「雑談上手な人」と言われてイメージするのは、「話をするのが上手な人」かもしれません。

ですが、話を聞いてくれる人がいないと雑談はできません。そういう意味で、聞き役が上手であることも「雑談上手」である重要なファクターなのです。

ここでは、相手の話に対して、どのようなリアクションをすれば会話がスムーズに進むのかを紹介していきます。

うまい返しができれば、会話のキャッチボールがポンポンとはずむような雑談が楽しめるようになりますよ！

CASE 10

いい感じに相づちを打ちたい

✕ 同じ相づちを何度も打つ

A　これ、コンビニの新作スイーツなんです。

B　へぇー。

A　すごくおいしいんですよ。

B　へぇー。

A　チョコ味もあるんです。

B　へぇー。

A　私のオススメはこのバナナ味です。

B　へぇー。

さまざまな相づちを使い分ける

A　これコンビニの新作スイーツなんです。

B　えっ！　そうなんですか！

A　はい、すごくおいしいんですよ。

B　わぁ、確かにおいしそう。

A　チョコ味もあるんです。

B　なるほど、チョコは定番ですよね！

A　でも、私のオススメはこのバナナ味です。

B　へぇー。今度食べてみたいです。コンビニのスイーツはいつも注目しているんですか？

A　そうですね、甘い物が好きなので、定期的にチェックしています。

相手の話に対して短い言葉を返したりする相づちは、雑談に欠かせないリアクションです。

ついやってしまいがちなのは、「へぇー」「うん」「はいはい」など、同じ言葉ばかりくり返してしまうこと。それでは、「話に興味がないのかな」「ちゃんと話を聞いているのかな」と相手を不安にさせてしまいます。

雑談を盛り上げるには、相づちにバリエーションをつけましょう。いつもの「へぇー」だけではなく、そのときの感情に合わせて「あぁ」「えっ！」「わぁ」「ほう」などを織り交ぜます。それだけで、自分の気持ちを相手に伝えることができますし、相手は自分の話を聞いてくれていると感じ、どんどん話してくれるようになるでしょう。

相づちを打つときは、うなずくことも重要です。ポイントは、やりすぎないこと。リアクションしようと、やたら「うんうん」とうなずいていると、話を聞き流していると思われることがあります。相手と目が合ったときに、さらっとうなずくだけで十分です。

いい感じに相づちを打ちたいときは、目が合ったらうなずき、返す言葉に変化をつける

CASE 11

上手に返事がしたい

「はい」「いいえ」だけを答える

A　昨日からはじまったドラマ、観ました？

B　はい。

A　あなたも観たのね！　アクションシーンがすごかったよね。

B　はい……

A　久しぶりだね！　最近忙しい？

B　はい。

A　そっか……

「はい」「いいえ」に、ひと言付け加える

A　昨日からはじまったドラマ、観ました？

B　はい、観ましたよ〜。

A　アクションシーンがすごかったよね。

B　はい、最後の展開にドキドキしちゃいました。

A　来週が待ちきれないよね。

B　はい、早く来週になってほしいです。

・・・・・・・・・・・・・・・・・・・・

A　久しぶりだね！　最近忙しい？

B　はい、締め切り間近であまり眠れていません。

A　睡眠は大事だよ！　体調管理に気をつけて！

B　はい、ほどほどに頑張ります。

「昨日のドラマ観ました？」「最近忙しい？」のような、「はい／いいえ」で答えられる質問で話しかけられることはよくあります。そのとき、「はい／いいえ」だけを答えると、そこで会話が終わってしまいます。

雑談は会話のキャッチボールで成り立っています。中身はなくても、とにかく続けることが大切なのです。あなたの返事に対して、相手がさらに言葉を返せるよう、「はい／いいえ」と答えた後に、ひと言付け加えましょう。

意味のある言葉や気の利いた言葉である必要はありません。そのときの自分の状況や気持ちを思い出して添えるようにしてみましょう。例えば、「ドラマ観ました？」と聞かれたことに、「はい、楽しく観ましたよ！」「いいえ、忙しくて見逃しちゃって」など、シンプルに答えるだけでもいいのです。

そのとき、声のトーンをかえたり、抑揚をつけたりして、気持ちをこめましょう。それだけで、相手は興味をもって話を聞いてくれていると感じて、会話に弾みがつくはずです。

上手に返事がしたいときは、

「はい／いいえ」と答えてから、気持ちをこめたひと言を足す

CASE 12

冗談にうまく反応したい

✕ うまい言葉を返そうとする

A　今日は風が強いですね。

B　強いよね。通勤中に突風が吹いてきてさ、ブラジルまで飛ばされるかと思ったよ。

A　はぁ……（なんて返そう）。

A　ご注文は何にいたしましょう？

B　じゃあ、とんかつ定食をお願いします。

A　では、今から豚を探しに行ってきますね！

B　えーと……（なんて返そう）。

まずは、スマイルで返す

A　今日は風が強いですね。

B　強いよね。通勤中に突風が吹いてきてさ、ブラジルまで飛ばされるかと思ったよ。

A　あはは。もう何言ってるんですか!

B　いや、それくらい強い風だったんだよ。

・・・・・・・・・・・・・・・・・・

A　ご注文は何にいたしましょう?

B　じゃあ、とんかつ定食をお願いします。

A　では、今から豚を探しに行ってきますね!

B　ははは。ちょっと〜、冗談きついですよ!

A　すみません、では少々お待ちくださいね。

相手の冗談に対してどう返していいかわからず困ったという経験は、多くの人があるはずです。私たちは会話の中でなんとか言葉を返そうとしがちです。しかし、冗談には、無理に言葉を返す必要はありません。うまいことを言おうとか、なんとかツッコミを入れようとして言葉に詰まってしまっては、会話のテンポが悪くなり、場がシラケてしまいます。

冗談に対しては、笑って返すのが一番。相手は笑って冗談を言っているはずですから、こちらも笑えばいいのです。「クスッ」と笑うのもいいですし、「あはは」と声を出してもいいでしょう。さらに、笑いながら「何言ってるんですか！」「またまたご冗談を」などのひと言を付け加えると、会話がつながります。相手の言葉を真に受けてまじめに掘り下げたりしないようにしてくださいね。

また、相手が言ったことをそのままオウム返しするのも一つの手段です。このときにも、「笑いながら」というのがポイントになりますので、忘れないようにしてください。相手のことを肯定も否定もせず、何か具体的な返事をするわけではないけれども、不思議と明るい空気がつくれる便利な方法です。困ったときに使ってみることをおすすめします。

冗談にうまく反応したいときは、

とにかく声を出して笑えば、

場が和む

CASE 13

嫌な気持ちを伝えたい

感情的に自分の気持ちを伝える

A　昨日の商談うまくいかなかったらしいね。
B　Aさんには、関係ないじゃないですか！

A　Bさん、今年何歳だっけ？
B　年齢なんか聞いてどうするんですか！

A　あなた、まだ就職先決まらないの？
B　うるさいなあ、ほっといてくれ！

はぐらかして、さらりとかわす

A　昨日の商談うまくいかなかったらしいね。

B　そうなんですよ～。ところで、今日の会議って何時でしたっけ？

A　ああ、会議は10時からだよ。準備はできてる？

・・・・・・・・・・・・・・・・・

A　Bさん、今年何歳だっけ？

B　100万円くれたら答えますよ♪

A　おっと！　それは厳しいなあ。

・・・・・・・・・・・・・・・・・

A　あなた、まだ就職先決まらないの？

B　……

話の途中で相手の言葉や態度に嫌な気持ちになったとき、その気持ちを伝える方法はいくつかあります。

まずは、じっと黙る。相手の目を見て黙ることで、言葉にしなくても「不快に感じている」という気持ちを示すことができます。

自分の気持ちを正直に伝えるのも一つです。特に親しい人に対しては、「嫌だ」とはっきり話したほうがわかり合えることもあります。ただ、感情的に話すと角が立ってしまうので、落ち着いて話すようにしましょう。

話をはぐらかすという手もあります。「ところで」「そういえば」と別の話題に切り替えたり、冗談を交えたりしてかわすのです。これによって相手を傷つけることなく、「嫌な気持ちにさせてしまったかもしれない」と感づかせることができます。雑談はあくまで気楽なおしゃべり。まじめに対応して場の雰囲気を悪くするよりも、はぐらかして乗り切ったほうがうまくいくでしょう。

嫌な気持ちを伝えたいときは、うまくかわして、相手に自分の気持ちを気づかせる

CASE 14

相手の意見に賛同できない

率直に反対意見を言う

A　この映画イマイチだったな。
B　えー、最高だったのに。あの俳優の迫真の演技がたまらない！

A　あそこのラーメンってマズいよね。
B　いや、そんなことないですよ。あの魚介系のスープは濃厚でとてもおいしいです。

まずは相手の意見を肯定する

A　この映画イマイチだったな。

B　そうですね、人によって好みが分かれる映画ですよね。どんな映画が好きなんですか？

A　あそこのラーメンってマズいよね。

B　確かにあの味が苦手だという人はいるでしょうね。私は嫌いじゃないですけどね。Aさんのオススメのラーメン屋さん、ありますか？

話を聞いていて、自分の意見や考えとは違うと思ったら、反論したくなるのは当然です。しかし、雑談で真っ向から反対意見を述べても、相手にドン引きされるのがオチ。そこで会話が終わってしまいかねません。雑談の場合、まずは相手の意見を受けとめることが大切です。

たとえ自分の意見とは異なっていても、とりあえず「えぇ」「そうですね」「確かに」「わかります」「なるほど」のような言葉をかけて、相手に理解を示していることを伝えます。そうすれば、相手は気持ちよく会話を続けることができます。

雑談では、自分の意見を正直に述べる必要はまったくありません。なぜなら、正論をかざして変な空気になるよりも、楽しく話せる空間のほうが大事だからです。ですから、相手の意見を肯定した後、そのまま相手の意見に合わせて会話を続けても構いません。もし、自分の意見を言いたいなら、肯定するフレーズの後に、「私は○○かなと思いましたけどね」「○○という気もしますけどね」と、さらっと伝えれば、相手は嫌な気がしないでしょう。

相手の意見に賛同できないときは、まず相手の意見を肯定してから、自分の意見を述べる

CASE 15

身振り手振りで伝えたい

大げさに体を動かしてみる

動物園にて

A　あそこに見えるサル、「エサだよ」って話しかけたら振り返ったよ。

B　ドヒャー！（急に大きくジャンプ）

A　ど、どうしたの急に……

B　ごめん……な、なんでもないよ。

包丁を持って実演

A　こう切れば、きれいに二等分されるよ。

B　うわ〜！（大声をあげて両手を広げる）

A　わっ、びっくりした〜。

意識せず自然にリアクションする

動物園にて

A　あそこに見えるサル、「エサだよ」って話しかけたら振り返ったよ。

B　えぇ〜！（目を見開いて驚いた表情）

A　本当だよ！　びっくりした〜。

B　どれどれ、試しにやってみようかな。

包丁を持って実演

A　こう切れば、きれいに二等分されるよ。

B　はぁ〜！　なるほど‼（手を叩く）

A　そんな感心されるほどのことでもないさ。

話にリアクションするとき、身振り手振りをはじめ、表情、声、姿勢など、言葉以外にも相手に気持ちを伝えることができる手段はたくさんあります。

日ごろ、私たちは無意識のうちに身振り手振りを交えてコミュニケーションをとっています。ピース、ＯＫサイン、首振り……これらのしぐさをしたことがない人は、まずいないはずです。

ですから、身振り手振りで伝えようと特別意識する必要はありません。プレゼンや発表の場合は、意図的にジェスチャーをして、聞き手の興味を引こうとすることがあります。でも、雑談で同じようなことをするとわざとらしくなります。それに、ずっと身振り手振りをしていると、落ち着きがない人、嘘っぽい人と思われかねません。自然体でいましょう。

例えば、驚いたときには目を見開くとか、本当に腑に落ちたときには「はぁ～」「ほぉ！」と声を出せばよいし、真剣に話を聞くときには少し前のめりの姿勢になるなど、そのときの自分の気持ちに素直になってリアクションをすれば大丈夫です。

身振り手振りで気持ちを伝えたいなら、

無理にリアクションしようと
せず自然体でいい

CASE 16

相手のことをほめたい

とにかく「すごい」を連発する

A　この前、検定に合格したんですよ。
B　すごい！
A　3回目でやっとですけどね。
B　いや、本当にすごいです！

・・・・・・・・・・・・・・・・

A　来月、お店を出すことになりました。
B　すごいなぁ。
A　10年かけて貯金した甲斐がありました。
B　すごすぎますね。

ひと言でさらっとほめる

A　この前、検定に合格したんですよ。

B　そうなんですか！　すごい！　おめでとうございます！

A　ありがとうございます。3回目でやっとですけどね。

B　あの検定は合格率10％以下ですよね。さすがAさんです。

A　来月、お店を出すことになりました。

B　えー！　知りませんでした。よかったですね。

A　ありがとうございます。10年かけて貯金した甲斐がありましたよ。

B　私は貯金が苦手なので、尊敬します。

雑談では、ほめることで、相手がノッてきて会話が盛り上がるということはよくあります。ほめられてうれしくない人はいません。どんどんほめるスタンスでいきましょう。

ほめるときに注意したいのは、何に対しても「すごい」と言ってしまうこと。それではすごさが薄れてしまうし、相手も本当にほめてくれているのかを疑うようになってしまいます。

「すごい」以外にも、ほめ言葉はいろいろあります。定番と言われているのが「さしすせそ」です。

「さ」＝さすがです、最高です　「し」＝知りませんでした

「す」＝すごいですね、すてきですね、すばらしいですね

「せ」＝センスがいいですね　「そ」＝そうなんですか、尊敬します

この他、「かわいい」「面白い」「いいね」「似合っています」なども立派なほめ言葉です。大げさにほめたり、長々ほめちぎらなくてもいいので、こうしたひと言でさらっとほめましょう。そのほうが、言われたほうは案外心に響くものです。

相手のことをほめたいときは、「さしすせそ」でシンプルにほめればいい

CASE 17

ネガティブな話にうまく反応したい

✕「大丈夫だよ」とはげます

A　聞いてください！　上司が全然私のことを評価してくれないんです。

B　あら、そうなの？

A　こっちは一生懸命やってるのに、ダメ出しばかり！　嫌になっちゃいます。

B　大丈夫だよ。そういうのは誰もが一度は経験したことがあるから。頑張って。

A　あっ、はい。

「わかる」と相手の気持ちを理解する

A　聞いてください！　上司が全然私のことを評価してくれないんです。

B　そうなんだ。

A　こっちは一生懸命やってるのに、ダメ出しばかり！　嫌になっちゃいます。

B　あぁ、わかるー。

A　この前なんて……

失敗談、失恋、不満、グチなど、雑談をしているうちにネガティブな話になってしまうことってありますよね。気分は沈み、だんだんと話を聞くのが辛くなってくる……。

そんなとき、「大丈夫だよ」「頑張って」とはげましたり、「気にするなよ」となぐさめたりするのはNG。ましてや、相手の発言を否定したり、「こうすればよかったんじゃない？」とアドバイスするなどもってのほかです。

ネガティブな話をする人は、相手にはげましてもらおう、なぐさめてもらおうなどとは思っていません。とにかく話を聞いてもらい、スッキリしたいだけのことが多いのです。だから、気が済むまで、存分に話してもらいましょう。

聞くときは、相手の話に時折うなずき、「そうなんだ」「わかる」「そうだよねー」などの相手に寄り添う言葉をかければいいだけ。ネガティブな話を聞くのは正直疲れます。でも、そんな話こそしっかり聞いてあげましょう。相手はそんなあなたに心を開いて、どんどん話してくれるようになります。

ネガティブな話にうまく反応したいときは、

相手に寄り添い、
話を聞くことに徹する

CASE 18

SNSでうまく反応したい

「私も○○です」と相手の投稿に被せる

SNSにて

A　犬を飼い始めました！

B　私も飼ってます！

C　うちは猫派。

D　そうなんだ。

……………………

A　おいしいカフェを見つけたよ！

B　わー！　私も昨日いいお店見つけたの！

C　ふーん。

相手が喜ぶコメントをする

SNSにて

A　犬を飼い始めました！
B　かわいい！
C　いいなぁ。うらやましい！
D　もっと写真見たい！

……………………

A　おいしいカフェを見つけたよ！
B　いいなあ。何がおいしかったの？
A　ケーキが最高だった！　サービスもよくて、ドリンク無料だったよ。
C　えー、いいお店だね！　どこにあるの？

テレワークの普及で、お家時間が増え、SNSでコミュニケーションをとる機会がますます増えています。SNSは直接顔を合わせて話をするわけではないものの、他愛もない話をする中でお互いの関係を深めていくという点で、雑談に近いものがあります。

ですから、SNSでのコメントの基本は雑談のコツと一緒で、「共感する」「ほめる」が鉄則です。例えば、「犬を飼い始めました」という投稿に対しては、「かわいい！」「いいなぁ」「前から飼いたいって言ってたもんね。よかったねぇ」のようにコメントすると、投稿した人は喜んでくれるはずです。

また、雑談と同じく、リアクションが薄い、相手の発言を否定する、上から目線でアドバイスをする……という行為はSNSでも嫌われます。「私も○○です」と、相手の投稿に被せて自分のことをコメントするのもNG。相手は見てほしい、知ってほしいと思って投稿しているのですから、相手が読んでいてうれしくなるような前向きな言葉で反応しましょう。するると、今度は自分が投稿したときに、相手もいいコメントを残してくれるようになります。このようなやりとりを続けていけば、実際会ったときの雑談でも盛り上がるでしょう。

ＳＮＳでうまく反応したいときは、共感して、承認する

Chapter 3

話を広げるコツ

気まずさとバイバイ

会話をはじめたのに、すぐに話すことがなくなって沈黙がおとずれてしまう。そんなときは、「気まずいなぁ」「次は何を話そう」と焦ったりしますね。

でも、ご安心を。雑談には効果的な続け方・広げ方があります。会話のバトンは、ずっと自分が握りしめているものではありません。バトンを手にしたら、また相手に返せばいいのです。

この章では、「はい、どうぞ」とバトンを差し出したら、話し相手が快く受け取って、どんどん走ってくれるような、そんなテクニックを紹介していきます。

CASE 19

効果的な質問をしたい

「なぜ?」と理由ばかり聞く

A 昨日、電車乗り過ごしちゃった。

B どうして?

A 車内で寝てしまったの。

B なんで?

A 飲みすぎちゃって……

B なんで?

A それはその……楽しい気分になってつい飲んでしまい……

「それで？」で話を引き出す

A　昨日、電車乗り過ごしちゃった。

B　え〜！　どうしたの？

A　車内で寝てしまって、起きたら終点……

B　ありゃりゃ……それで？

A　まだ電車があったから、慌てて乗りかえて戻ったの。

B　それから、どうなった？　帰れた？

A　なんとか帰れたけど、家に着くまで2時間かかったわ。

B　2時間！　それは大変だったね。

A　うん。もう二度としたくないな。

雑談を盛り上げるには、質問が欠かせません。質問をすることで、相手は「自分の話に興味をもってくれている」と感じて、どんどん話してくれるようになります。

注意したい質問は、「なぜ」「どうして」です。「なぜ」は会話を深めることができる質問ではあるのですが、理由ばかりたずねると、相手は問い詰められていると感じて引いてしまいます。また、聞かれた側は、理由を考えるのに時間がかかることも多く、沈黙が生じがちです。

それよりも、あまり頭を使わなくても答えられる質問のほうが、雑談に向いています。「何」「いつ」「どこで」と具体的に答えられる質問、「それで」「それから」と話の続きを引き出す質問、「他には」と話を広げる質問なら、すぐに答えられるので、会話がグングン進んでいきます。

質問が浮かばないときは、「ゴルフをはじめたんです」→「ゴルフですか？」のように、オウム返しで語尾を上げて聞くのもアリ。「それで」と同様に、相手が続きを話したくなります。ただし、何度もくり返すと、話を聞いていないと思われがちなので、使いすぎに注意です。

効果的な質問をしたいときは、

相手が続きを話したくなるような質問を投げかける

CASE 20

ほめて会話を膨らませたい

シンプルにほめるだけ

A　その時計、カッコいいですね。
B　ありがとうございます。
A　とても似合ってます。
B　ありがとうございます。

A　先日のプレゼン、素晴らしかったです。
B　いえいえ。
A　いや、とてもよかったですよ。
B　ありがとうございます。

ほめ言葉にひと言プラス

A　その時計、カッコいいですね。いつもと違いますよね？

B　実は、昨日買ったんですよ。

A　もしかして先月出た新作ですか？

B　そうです。ようやく手に入ったんです！

A　先日のプレゼン、素晴らしかったです。大人数を前にとても落ちついていてすごいなぁと。緊張しないんですか？

B　いや、めちゃくちゃ緊張しましたよ。

A　全然落ち着いて見えましたよ！

82ページで、ほめるときは「シンプルなひと言でさらっとほめるのがよい」とお話ししましたが、ほめ言葉を言うだけでは、「カッコいいですね」→「ありがとうございます」や「すごいですね」→「いえいえ」のように会話が途切れがちです。

話を膨らませるなら、自分が気づいたことや感じたことをプラスして伝えましょう。

もし時計をほめるなら、「いま話題のデジタルウォッチですよね」「今日のコーデに合ってますね」くらいの内容で十分です。あまり具体的に伝えようとしたり、長々と自分の感想を話すと、かえってわざとらしくなるので、ひと言で構いません。

ほめ言葉の後に質問して、話を広げる手も◯。時計の例なら、「それ新作ですか?」「どんな機能があるんですか?」という感じで、興味をもっていることが相手に伝わるような質問をなげます。ただし、「いくらですか?」のような金銭にかかわるような質問をされると戸惑う人もいますので、控えるようにしましょう。

相手をほめて会話を膨らませるには、

気づいたことや感想も添えて伝える

CASE

21

相手との距離を縮めたい

相手と自分の共通点を探す

A　Bさんって関西訛りがありますが、大阪のご出身ですか？　私は京都です。

B　いえ、滋賀県です。

A　そうなんですね。

………………………………

A　私、走ることが好きなんだ。

B　そうですか。僕はあまり。他に好きなことはない？

A　他にかぁ。そうだなぁ、えっと……

相手と自分の相違点を探す

A　Bさんって関西訛りがありますが、大阪のご出身ですか？　私は京都です。

B　いえ、滋賀県です。

A　そうでしたか。琵琶湖はよく行きます？

B　はい、バス釣りによく行ったものです。

…………

A　私、走ることが好きなんだ。

B　僕は苦手だな。ただ走るのは辛くない？

A　以前は私もそう思っていましたが、いざ走ってみると楽しいし、いいことだらけ！

B　そうなんだ。どんないいところがある？

相手との距離を縮めたければ、「相手との共通点を見つけましょう」とよく言われます。でも、それほど親しくない人との共通点を見つけるのって難しくないですか？

運よく出身地や出身校が同じだったり、趣味が一緒だったらＯＫですが、普通そう簡単には見つかりません。ほとんど話したことがない人との共通点を探るのは、至難のわざです。

では、お互いの違う部分……相違点だったらどうでしょう。そもそも人はみんな違います。見た目も違えば、考え方や経験してきたことだって異なるはずです。ですから、共通点より相違点を見つけるほうが、はるかに楽チンなのです。

例えば、好き・嫌いの話一つとっても、相手と興味・関心が違ったとしても、「どういうところが好きなの？」「なぜ嫌いなの？」「ずっと好き？／嫌い？」など、いくらでも話を広げることができます。ぜひ、お互いの「違う」ところに着目してみてください。一つ話が広がるたびに相手の新たな部分を発見でき、お互いの距離は縮まっていくはずです。

相手との距離を縮めたいなら、
お互いの〝違うところ〟に
注目してみる

CASE 22

相手の話を引き出したい

立て続けに質問攻めにする

A　さっき、芸能人を見かけたよ。
B　誰だったの？
A　歌手のK。
B　どこで見たの？　近い？
A　えーっと……駅前の交差点。
B　どうだった？
A　かっこよかったよ。
B　テレビと実物、どっちがかっこいい？
A　ん～……やっぱり実物かなぁ。

気持ちを乗せてリアクションする

A　さっき、芸能人を見かけたよ。

B　えええっっ！　誰、誰？

A　歌手のK。

B　うっそー！　生で見るとどんな感じ？

A　そりゃあ、超かっこよかったよ。

B　やっぱりな。うらやましい！

A　スタイル抜群で、やっぱり芸能人は違うなって思ったよ。

B　だろうね。サインとかもらったの？

A　オーラがすごくて話しかけられず……

B　えーーー、もったいない。

話を聞くときに、相手にたくさん話してもらおうと質問ばかりしていると、会話のテンポは上がるものの、どこか窮屈な感じになります。しかも、話している人は、「話が伝わっていないのかな」「うまく話せていないのかも」と、心配になってきてしまいます。

雑談というのは、他愛もないおしゃべりです。だから、楽しくやりとりするのが一番。インタビューのように、質問で相手の話を引き出そうと頑張らなくていいのです。

そのかわり、話を聞いていることを相手に伝えるのを怠らないようにしましょう。つまり、相手の言葉にきちんと「反応」するようにします。

特に驚いたときや感心したときなどは、少しオーバーぎみに反応すると、より相手は聞いてくれていると感じます。例えば、「えっ！」と驚くところを、表情やジェスチャーを交えて「ええええっ！」くらい感情を乗せてリアクションしましょう。つられて相手もテンションが上がって、楽しい気持ちで話ができるので、会話がつながっていきます。

相手の話を引き出したいときは、

やや大きめのリアクションで、相手が話したくなる雰囲気をつくる

CASE 23

飲み会で場を盛り上げたい

× とっておきの自慢話をする

A　私、最近タワーマンションに引っ越したんだよね。

B　へぇー。

A　やっぱり、部屋からの眺めが最高でさ。

C　ふーん。

A　でも、高層階って、市街地でのざわめきが反響して聞こえてくるのよね。

B　そ、そうなんだね。

とっておきの失敗談をする

A　今日、お客様にお茶を出そうとしたら、コードに足がひっかかって転んじゃって、お茶をバーンとぶちまけちゃったの。

B　うそでしょ！

A　ホントよ。お客様も一瞬固まっちゃった。

C　もう、何やってんのー！　大丈夫だった？

A　幸いお客様にはかからなかったけど、床がびしょ濡れに。私のジャケットは汚れちゃった。

B　アハハ。それは大変だったね。

C　これから気をつけてよ、ホントに。

飲み会のように大人数で雑談する場合、全員に通じる話をするのが基本です。無難なのは「食べ物の話」と言われたりもしますが、それで話が広がらなかった場合、場が盛り上がるまでもっていくのはなかなか難しいでしょう。

もっと簡単に盛り上がるのが、失敗談と自虐ネタです。人のしくじり話というのは、興味がもてるものです。内容は深刻なものではなく、クスリと笑えるくらいの軽い失敗談がおすすめです。自分の失敗について話すのは勇気のいることですが、笑い話として話せることをストックしてもっておくと便利です。話すときは、明るい口調で。さらに、「オノマトペ」を効果的に使うと、話に臨場感が増して聞く方に楽しい気分が伝わりやすいです。オノマトペというのは、「ワンワン」のような擬声語、「ザーザー」のような物音を表す擬音語、「ニコニコ」のような状態を表す擬態語の総称です。

反対に、飲み会で避けたいのは自慢話や武勇伝のたぐいです。話している本人は気分がいいかもしれませんが、聞いているほうは「へぇー」「さすがです」「すごいですね」としかリアクションのしようがなく、退屈に感じやすいですから。

飲み会で場を盛り上げたいときは、
軽い失敗談で笑ってもらう

CASE 24

会話のキャッチボールを続けたい

相手のペースに合わせる

A　久しぶり！

B　お久しぶりです。何年ぶりですかね？

A　5年ぶりかな。

B　そうですよね。お元気でしたか？

A　おかげさまで。

B　それはよかったです。

A　ええ……

B　じゃあ、また。失礼します。

先に質問して、会話をリードする

A　久しぶり！　元気そうだね。いつ以来？

B　駅で偶然お会いして以来ですかね。

A　ということは、5年ぶりくらい？

B　結構前ですね。

A　少し雰囲気かわったね。髪型かえた？

B　それもありますけど、メガネをかけてるからかも。

A　確かに前はかけてなかったよな。似合ってるよ。真面目そうに見える。

B　昔から真面目キャラですよ、アハハ。

A　そうかぁ？　だいぶチャラかったぞ（笑）

例えば、しばらく会っていなかった知人に再会したとき、あなたならどう声をかけますか。「久しぶり」だけだと、相手が「久しぶり」と返したら会話が終わりかねません。それならば、「元気？」「何年ぶり？」「雰囲気かわった？」と相手より先に質問してみましょう。雑談を続けるためには、相手のペースに任せきりにせず、自分がリードする気持ちをもつことが大事なのです。

他のケースも同様に考えましょう。質問された人は、必ず答えてくれます。相手が答えたら、それを受けて少し話して、また質問する。これをくり返すと、自ずと会話が広がっていきます。

大事なのは、相手が話題の中心になるような質問をすること。「蒸し暑い日が続きますよね。熱中症対策でしていることってありますか？」「明日から連休ですね。ちなみにお休みの日って何をされていますか？」のように、相手が自分の話をできるように質問します。

人というのは、自分のことを話したい・聞いてほしいと思っています。ですから、相手が自分の話をできるように、どんどん話を振っていきましょう。

会話のキャッチボールを続けたいときは、

相手が話しやすい話題を
自分から振っていく

CASE 25

自分の話を聞いてほしい

話したいことを一気にしゃべる

A　先日、結婚式に出席して、余興で●●ダンスをしたんです。参加者が思った以上に多くて緊張したんですが、とりあえず盛り上がったのでよかったですよ。シラケちゃうと、やっぱりちょっと落ち込むじゃないですか。練習は大変だったんですけどね。

B　はぁ、よかったですね。

相手と会話しているかのように話す

A　先日、結婚式で、余興をやってほしいと頼まれたんです。そういうときって、何
やろうかって悩みませんか？
できれば盛り上がりもほしいですよね？
そこで●●ダンスをしたんです。
そしたら予想以上に盛り上がって、周りの人も立ち上がってノリノリでした。
そんな経験あります？
私も初めてでした。
いい思い出になりました！

B　それは見てみたかったですね〜。

雑談の目的は、お互いに共有する時間が楽しく過ごせればよいので、必ずしも互いに話さなくてはいけないわけではありません。でも、ときには自分をアピールしたい、話を聞いてほしいということもありますよね。

ただし、自分だけが一方的にしゃべると、相手はシラケてしまったり、退屈したりすることもあります。せっかく共有したい面白い話があっても、うまく伝えられないばかりに場が寒くなってしまっては悲しいです。

そこで取り入れたいテクニックは、相手に話を振っているような表現（一人質問）をはさみこむことです。「○○じゃないですか？」「○○だと思いませんか？」「こんな経験ありませんか？」など、まるで相手と会話をしているような質問を入れて話すのです。

この手法を使えば、お互いに話を築き上げている感じがでて、相手も飽きることなく話を聞くことができます。

自分の話を聞いてほしいときは、
話の中に「一人質問」をはさみながら会話をしてみる

CASE 26

目上の人とうまく話したい

へりくだって「わかります」を多用する

飲み会の席にて

A　部長はずっと営業成績トップだと聞きました！　僕もそんな風になりたいです。

B　お前は、お客様のことをもっと理解して営業する必要があるかな。

A　わかります、わかります！

B　簡単じゃないぞ。担当さんのことを知るために、何度も通って話をするんだ。

A　あぁ、それすごくわかります！

B　……お前、本当にわかってるのか。

相手から教えてもらう気持ちで話す

飲み会の席にて

A　部長はずっと営業成績トップだと聞きました！　何か秘訣があれば教えてください。

B　ん〜、やっぱりお客様のことをよく理解して提案することかな。

A　なるほど！　基本が大切なんですね。部長はどんな風にお客様と接しているんですか？

B　マメに顔を出して少しでもいろんな話をすることだね。共有する時間が多いほど、共感が得られやすい気がするよ。

A　すごいですね。さすがトップ営業マン！

B　もち上げても何も出ないぞ（笑）

雑談が苦手といっても人それぞれで、中には相手が年上になると途端にうまく話せなくなるというかたがいるようです。プライベートでは、自分と同年代だけのグループに囲まれて過ごすことはできるでしょうが、仕事がらみでは年上の人と雑談を交わさねばならないシチュエーションは避けられませんね。

では、飲み会やランチ、出張などで上司や取引先の人と何を話せばいいのか……話すネタに頭を悩ませるよりは、相手から話を引き出す努力をすればよいのです。相手の得意とするテーマについて「教えていただけますか」という姿勢で話を聞けば、相手も快く話を広げてくれます。自分が何とかしなくちゃ！　という意識を横において、年上のかたに頼る気持ちで話をしましょう。

かといって、年上を意識しすぎて妙にへりくだったりしては逆効果。好意的なコミュニケーションには好意的なコミュニケーションが返ってくることを忘れないようにしてください。

目上の人とうまく話したいときは、

相手から教えてもらうつもりで話を展開させる

Chapter 4

話をかえるコツ

そつなく会話をリードする

「あの人とは会話がはずむな」という人、周りにいませんか？　彼らはどんな特殊技能を身につけているのでしょうか。

相手と意見や趣味が合えば、同じテーマで話が続いていくことはあります。ただ、ここでは、「いくつかの話題があがったけど、なんか楽しく話ができたな」と思ってもらえる方法をお教えします。

話のテーマがテンポよくかえられれば、「ここぞ！」というタイミングで自分の意見が言えたり、面倒なことはサラッとスルーするなんてことが華麗にできちゃうようになります。

CASE 27

だらだら続く話をかえたい

「ところで」と強引に話を転換する

A　Bさん、ヨガしてますよね。
B　うん、ヨガってすごくいいんだよ。まず
よく眠れるようになる。それから体が……
（ヨガのメリットを延々と語りだす。）
A　へぇ。私もやってみようかな。
B　ぜひ。あ、他にもメリットを思い出したよ。
ストレスが……
A　そうですか。ところで、……

「○○といえば」で話を展開する

A　Bさん、ヨガしてますよね。

B　うん、ヨガってすごくいいんだよ。まずよく眠れるようになる。それから体が……
（ヨガのメリットを延々と語りだす。）

A　へぇ。私もやってみようかな。そうそう、よく眠れるで思い出したんですけど、この前、Bさんおすすめの枕を買いました。

B　おぉ、買ったのね！　使い心地はどう？

A　もう最高です。おかげでぐっすり眠れるようになりました。

B　それはよかった。

雑談で話が長くなるのは、決して悪いことではありません。むしろ、相手が気持ちよく話し続けてくれているなら、雑談としては成功です。とはいえ、時には話をかえたくなることもありますよね。

話をかえるときによく使われるのは「ところで」「さて」「話はかわりますが」あたりです。しかし、こうした言葉は会話をバッサリ断ち切ってしまう力があるので、せっかく温まった雰囲気が台無しになってしまいます。

会話には流れがあります。その流れに乗って話をかえたほうが、会話はスムーズに進みます。そのためには、相手の会話に出てきた言葉を手がかりに、「○○といえば」「○○で思い出したんですけど」と切り出すことです。

そうはいっても、いくら会話を続けても次の話になりそうなキーワードが出てこないことだってあるでしょう。そんなときは、「そういえば」「今の話で思い出したんですけど」であれば、無理やり感があまりないので、場の空気を悪くすることなく話をかえることができます。

だらだら続く話をかえたいときは、

会話の流れの中で自然に話題を広げていく

CASE 28

場の空気をかえたい

チャンスを見て、話をかえる

A　山と海なら、絶対山だよね。
B　いや、海だね。
A　山だろ！
B　海に決まってるよ！
A　海は砂まみれになるじゃん。
B　山は虫が多いだろ。
C　海といえば、昨日海のほうで花火がありましたよね。見ました？
A　……君も海を支持するのか？

とにかく笑って乗り切る

A　山と海なら、絶対山だよね。
B　いや、海だね。
A　山だろ！
B　海に決まってるよ！
A　海は砂まみれになるじゃん。
B　山は虫が多いだろ。
C　アハハ。2人ともムキになりすぎ！
A　つい、熱くなってしまって。アハハ。
B　そうだな。いったん、落ち着こうか。
C　そうですよ。アハハハハ。

雑談中に口論になったり、逆に話がちっとも盛り上がらなかったりして、変な空気になってしまったら、どうにかして軌道修正したいですよね。そんな空気をかえたいとあたふたしてしまったり、戸惑ってよい対応が思い浮かばないことがあるかもしれません。

場の空気をかえたいなら、率先して笑ってみましょう。話をかえようとか、面白い話をしようとか、ギャグを言おうとか、一発芸をしようとか、そんなことを考える必要はありません。ただ、「あはは」「ガハハ」と笑ってください。笑いながら話を聞いたり、言葉を返したりするだけでいいのです。

一緒にいる人が笑っていると、自分も楽しい気持ちになることってありませんか。感情は人から人へ移ります。誰かが笑えば、周りに広がっていくのです。好ましくない空気をなんとかしたいと思ったら、まずは自分から率先して笑いましょう。

当然ですが、どんな場合でも笑えばいいということではありません。悲しいとき、深刻な事態などには適切ではないでしょう。場の空気を読んで、行動することが大切です。

場の空気をかえたいなら、
自ら率先して笑うと、
周りがつられる

CASE 29

お誘いを上手に断りたい

だらだら言い訳をする

A　今日みんなでタイ料理食べに行かない？

B　ごめんなさい。課題が終わりそうもないし、バイトに入ってほしいと言われていて。それに、私は辛い物が苦手なので。

……………………

A　来月から始業前に英語の勉強会をすることになったんだ。Bさんも参加しない？

B　私は朝が苦手だし、それにみなさん上手なので、私はついていけないな。

きっぱり「NO」と伝える

A　今日みんなでタイ料理食べに行かない？

B　あいにく今日は予定が入っているの。ごめんなさい。でも、誘ってくれてありがとう。今度は私もご飯行きたいな。

A　来月から始業前に英語の勉強会をすることになったんだ。Bさんも参加しない？

B　私は家が遠いので、参加は難しいです。ごめんね。声をかけてくれてありがとう。

A　そっか、残念だな。いつでも参加してね。

上手く断りたいと思うのは、せっかく誘ってもらったのに断るのは「失礼」だという考えがあるからです。まずは、この考えを捨てましょう。先約があるなどの理由で、どうしても断らなければならないことだってありますよね。「行きません」「無理です」「やりません」と無碍《むげ》に断るのは論外として、誘ってくれた相手の気持ちに配慮して断れば、決して失礼には当たりません。

私たちは、返事に困ったとき、あいまいに答えがちです。しかし、断る場合は、はっきり「ＮＯ」と意思表示をすることが大切です。そして、理由を正直に手短に伝えましょう。どっちつかずの態度をとったり、だらだら理由を述べるのは相手を困惑させるだけです。

その上で、誘ってくれたことへの感謝の気持ちを伝えましょう。「ありがとうございます」「誘ってくれてうれしいです」のひと言があるだけでも、言われた相手は「声をかけてよかった」と思えますし、また誘おうかなという気にもなります。また、可能ならば、代替案を出しましょう。今回はダメでも次があることを示せば、相手を不快にさせることはありません。

お誘いを上手に断りたいときは、

はっきり断ってから、誘ってくれたことへの感謝の気持ちを伝える

CASE 30

軽いジョークを交えたい

爆笑がとれる面白ネタを仕込んでおく

A　ちょっと聞いてくださいよ、最近困っていることがあるんです。

B　あら、どうしたんですか？

A　近所の家にいつも僕に吠えてくるブルドッグがいて。

B　何か嫌われることでもしたんですか？

A　いや、特に何も。でも、怖くて毎回ブルッと震えるんですよ（笑）

B　えっと～……

ギャップのある話で印象づける

A　ちょっと聞いてくださいよ、最近困っていることがあるんです。

B　あら、どうしたんですか？

A　近所にいつも寝ている犬がいるんですが、私が近くを通るときだけ吠えるんですよ。

B　ハハハ〜、本当ですか？　犬に嫌われちゃうタイプなんですか？

A　猫っぽい顔だからですかね。でも、実は野良猫にも威《い》嚇《かく》されてばかりなんです。

B　プッ！　困った顔なんですねぇ。

話の中に笑いがあると、場が盛り上がり、楽しい時間を過ごせます。でも、爆笑ネタをたくさん仕入れておくのは難しいし、そもそも、実はそんなネタは必要ないのです。

普段の雑談では、クスッと笑える程度の話ができるだけで、雰囲気が明るくなって心地いい空間をつくれます。無理に笑いをとろうと思わなくても、相手が興味をもって聞いてくれれば「面白い話」になり、楽しい印象も残ります。

使いやすい面白ネタとしては、「話の結論の前にギャップを仕込んだ話」だと覚えておきましょう。例えば、単なる「自分に吠える犬」も「普段はずっと寝ている犬」だったら、「なんで？」と面白いニュアンスがうまれます。

普通のことを普通に話せば、それで終わってしまいますが、ちょっとしたギャップがあると、普通の話が面白く聞こえるのです。日頃から自分が体験したことだけでなく、周りから聞いた話や情報（ネタ）をなるべく幅広くストックしておくのもおすすめです。

軽いジョークを交えたいときは、
あらゆるネタを、ギャップ話にアレンジして使ってみる

CASE 31

返事を保留にしたい・断りたい

感情を交えずストレートに断る

A　○日は空いていますか？
B　予定が入っているから無理ですね。
A　そうですか。

A　課長、ごちそうしてくださいよ～。
B　また、今度にしてくれ。
A　え～残念……次は絶対ですよ～！
B　はいはい、わかったわかった。
A　絶対ですよ！　期待してますよ。

感謝の気持ちやユーモアを交えて断る

A　○日は空いていますか？
B　すみません、その日は先約があって。
A　そうですか、残念。
B　誘っていただきありがとうございました。
　　また声をかけてくださいね。

・・・・・・・・・・・・・・・・・・・・

A　課長、ごちそうしてくださいよ～。
B　俺の小遣いが増えたらな～。
A　それ、絶対無理なやつですよね？
B　最悪……退職金でなんとかするさ！
A　ははは、期待しないで待ってます。

誘いを受けたとき、断ったり、返事を保留したりすることはしづらいですね。「無理です」などと、ただストレートに断るだけでは、冷たい印象が残ります。そこで大切なのは、まずは感謝の気持ちを伝える。そして、できれば軽いユーモアを交えて答えることです。

また、相手にもよりますが、「今回はダメでも次も誘ってみようかな」という気持ちになってもらえるような言葉も添えてみましょう。「すみません」と「お誘いありがとうございます」の言葉とともに、「また声をかけてください」や「○日はいかがですか」などと伝えると、相手も不愉快にならず、次の機会も誘いやすくなります。

断る内容によっては、ユーモアを交えたほうが、笑いとともにその場を切り抜けられることがあります。「ごちそうしてください」に対して、「また今度」や「今日は無理だな」などというより、「小遣いが増えたら」「札束が降ってきたら」などの言い方なら、相手も楽しく受け止められて好印象です。後輩に対して、「この企画が採用されたら」などと言えば、彼・彼女らのやる気アップにもつながるかもしれませんよ。

返事を保留にしたい・断りたいときは、

相手の気持ちをくみとり、
感謝と軽いユーモア
で返す

CASE 32

食事や遊びに誘いたい

ストレートに想いを伝える

A　今晩、ちょっと付き合ってもらえる？

B　ん？　え、えーと……ちょっと予定を確認してみるね。

A　じゃあ、また後で教えて。

・・・・・・・・・・・・・・・・

A　今度の土曜、飲みに行こうよ！

B　土曜日かぁ、飲み会でもあるの？

A　いや、二人で。

B　えーっと、ちょっと予定があるかも。

理由・目的を添えた上で誘う

A　今晩、忘年会の出し物について相談したいので、食事をしながら話せない？

B　ああ、大丈夫だよ。どこでやる？

A　じゃあ、19時に○○で！

A　Bさんワイン好きだったよね？　ワインがうまいお店を見つけたから一緒にどう？

B　ワインは好きだよ。どこのお店かしら。

A　駅前の○○っていうお店なんだけど。

B　行きたかったところだ！　楽しみね。

雑談の中で、まだあまり親しくない人を食事や遊びに誘いたいなと思ったとき、「誘いたいけど誘いにくい」という不安な気持ちになりませんか？

そんなときは、「親しくなりたい」という本音とは別の誘う理由や目的をつくって声をかけると、少し気軽に誘えるようになります。この「理由や目的」がわかると、相手も誘いを受け入れやすくなります。

例えば、「今晩、食事に行きませんか？」と突然言われたら、何を言われるのか身構えてしまいます。この言い方だと、仕事の話なのか、プライベートの誘いなのかわかりませんよね。誘われたときにこうした疑問が頭の中に浮かび、相手は回答に困ってしまいます。

でも、「○○の話で」「○○の相談で」など理由や目的を明確にして誘われると、相手も心構えができるので安心なのです。お互い気持ちよい会話をするためにも、誘う理由はきちんと伝えるようにしましょう。

相手を食事や遊びに誘いたいときは、

相手に心の準備ができるように誘う理由を伝える

CASE 33

エピソードや経験談を話したい

マシンガントークで一気に伝える

A　先日、新しくベッドのマットレスを購入したんです。最近、朝起きると腰が痛いので、少しでも快適な睡眠が得られるようにと、奮発していい物を買いました。早速試してみたら、腰の痛みがなくなっただけじゃなくて、寝つきもよくなって、目覚めたときの気分は最高ですね。

B　へぇ……

比喩を交えながら、テンポよく話す

A　先日購入したベッドの高～いマットレスについて話したいんですけどね。

B　CMでやってるような高いやつですか？

A　ええ、腰に負担がかからなくなる物を奮発して買いました。でも、届いたダンボールの小ささに腰を抜かしました（笑）

B　ははは。どれくらい小さかったんですか。

A　私の背丈ほどもない箱でしたが、開くとムクムクッと膨れあがったんですよ！

B　すごいなぁ。で、使い心地はどうですか。

A　最高です。も～いつもゴロゴロしてます。

自分のエピソードや経験談を話したい気分になるときもありますよね。ただ、せっかくいい話、面白い話をしているのに、うまく相手に伝わらなかったり、興味をもってもらえなかったりすることはありませんか?

自分の話をするときのポイントは、一文を短くしてテンポよく話すこと。自分から話を振りたいほどのとっておきのエピソードであれば、物語のように語りたい気持ちはわかります。でも、話が長いと相手は退屈してしまいます。雑談は言葉のキャッチボールだと思ってください。相手にボールを投げたら、またすぐ自分のところに戻ってくる。この言葉のやり取りが小刻みであるほど、話が弾んでいると感じやすいのです。

まずは、相手に「○○について話したいんですけど」「○○の面白い話がありまして」と前置きをして話をすれば、一つのエピソードを最後まで聞いてもらえます。相手がせっかく聞く体勢をとってくれるのですから、テンポよく話すことで一人語りにせず、聞く相手にも話に参加してもらいましょう。

エピソードや経験談を話したいときは、比喩を交えながら、テンポを意識して伝える

CASE 34

自分の意見が言いたい

自分が話すターンを待ちつつ聞く

A　私、カラオケが趣味で週3日は通ってる。

B　……（あっ、私と一緒だ。）

C　そんなに！　一人で行くの？

A　ううん、高校生の妹を連れて行くの。

C　楽しそうだね。二人で何を歌うの？

A　私も妹もK－POP。

C　私はアイドルソングかな。

B　……（え、私もアイドルソング好き！）

前置きの言葉をはさむ

A　私、カラオケが趣味で週3日は通ってる。

B　あっ、私と一緒！　私は週一だけど。

C　二人とも、カラオケは一人で行くの？

A　ううん、高校生の妹を連れて行くの。

B　私は一人が多い。個人的には一人カラオケ面白いと思うよ。

A　一人カラオケ、興味あるんだよね。一人で何を歌うの？

B　ひたすらアイドルソング一択！

C　えっ、私もアイドルソング好き！

A　私と妹はず〜っとK-POP歌ってる（笑）

雑談の中で、自分の意見を言いたいけれど、言いだしづらかったり、タイミングをつかめなかったりすることがありますよね。

まずは、タイミングを見計らって、「いいですね」などの相づちで会話に入ります。相手の話に共感すれば、「私もです」というひと言だけでもOKです。

このひと言の後に続けて、「個人的な意見ですが」や「例えば」など前置きの言葉をはさんでから、自分の意見を述べてみましょう。前置きすることで、相手も耳を傾けやすくなるメリットがあります。話に共感できない場合だったとしても、「そうですか」とひと言入れてから発言すれば、スムーズに自分の気持ちを伝えることができます。

注意点としては、相手の話をさえぎるようなタイミングでひと言目を発しないことです。文章でいうところの「、」や「。」がつきそうな息継ぎのタイミングを見計らってみてください。意識して練習すれば、次第に自然にできるようになりますよ。

自分の意見が言いたいときは、
前置きで話しやすい空気をつくってから伝える

CASE 35

気になった相手の話を深掘りしたい

相手が話を広げてくれるのを待つ

A　この手品はタネを知ってしまえばびっくりするほど簡単です。

B　そうなんですか。（どんなタネなの？）

A　でも、意外と技術が必要なので、練習をしないとタネがバレちゃいます。

B　なるほど……（タネの内容が気になる。）

A　その練習には、鏡を使うんですよ。

B　へぇ……（で、結局タネは教えてくれないの？）

「話は戻ります」と伝えて話す

A　この手品はタネを知ってしまえばびっくりするほど簡単です。

B　そうなんですか。（どんなタネなの？）

A　でも意外と技術が必要なので、練習をしないとタネがバレちゃいます。

B　なるほど……あの、そもそもタネが気になったのですが、教えてもらえませんか。

A　ああ、それはこっち側の手袋にコインを仕込んでおくんです。

B　えっ、それだけ？　私にもできるかな。

A　イヤ〜、鏡を使った練習が必要ですよ。

雑談の途中で、前に話していた内容がどうしても気になって、話を戻したいときもありますよね。そんなとき、話す相手の気分を害してしまうのでは？　とか、口をはさむタイミングがわからず、「まぁいいか」と我慢してしまったりするかもしれません。

でも、雑談にルールはありません。時には話が戻ったり、くり返したりは当然ありなのです。気になる話題に戻りたいときは、「話は戻りますが」や「先ほど気になったことがあるんですが」などと、はっきり伝えることが大事です。お互いに興味がもてない話を展開していけば、あっという間に沈黙がおとずれます。だったら、盛り上がったところや興味のある話に戻って、会話を再スタートさせてみましょう。

雑談は、話の中身よりも、楽しく話しやすい空気が流れ続けることが大切なので、お互いの心地よさを維持することを重視しましょう。その気持ちを大切にすれば、自然と興味のあるトピックスに戻るという選択肢も出てくるはずです。雑談に決められた道筋はありません。脱線がたくさんある雑談を楽しみましょう。

気になった相手の話を深掘りしたいときは、
話を戻したり、同じ話をするのもテクニック

Chapter 5

次のチャンスにつなげる

話を終えるコツ

せっかくよい雰囲気で雑談ができても、「ではこのへんで」という場面で、よい別れ方ができるかどうかで、相手の印象が大きく異なってきます。

たとえ少しの時間でも、同じ時間を共有した者同士ですから、「また次も会って話がしたいな」と思ってもらったほうが気持ちがいいですよね。

「またの機会に」なんて決まり文句が横行していますが、これは気持ちのこもっていない形式的な言葉です。お互いに心から、「ではまた会いましょう」と言えるような、去り際のテクニックをお伝えします！

CASE 36

話のまとめをしたい

話の内容を結論づけるひと言を述べる

A　で、そのとき彼がなんて言ったと思う？

B　つまりは、彼とケンカして仲直りしたいということなんだよね？

A　うん……まぁね。

・・・・・・・・・・・・・・・・・・・・・・・・・・

A　あと聞いた話なんだけどね。実は……

B　もうこんな時間。今日はこれでお開きね。

A　ああ、はい。

雑談で話を無理にまとめる必要はない

A　で、そのとき彼がなんて言ったと思う？

B　なになに？　またケンカにでもなったの？

A　ううん。「やっぱりお前が一番」って！

B　結局、ノロケじゃん。ごちそうさま！

A　ははは、ごめん。

……………………

A　あと聞いた話なんだけどね。実は、重曹って消臭効果があるらしいよ。

B　へぇ〜。どんな風に使うのかしら。

A　直接ふりかける方法がおすすめ。

B　なるほど！　今度やってみるね！

ビジネスシーンにおいては、会議などの最後にはまとめがあったほうがお互いの意見を整理できたり、次の話し合いへの目標が定まってよいとされていますが、雑談はそんな型にはめなくても大丈夫です。

「結局のところ、○○だね」「ひと言で言うと、○○っていうことだよね」などと、無理に話をまとめてしまうと、場がシラケてしまいます。それどころか、急に話をまとめられたほうとしては、「あなたの話はつまらない」と言われているような気分になったりするかもしれません。

もともと雑談は、プレゼンテーションのように、事前に話す内容を綿密に考えて臨むものではありません。その場で必要なのは、「相手とよりよい関係になりたい」という気持ちだけです。だから、ほどよく会話が途切れたところで、最後は、「じゃあまた」でよいのです。雰囲気が悪いとか、すぐにその場を離れたい理由があればともかく、流れを無理に断つことなく、自然に、流れるままの会話を楽しみましょう。

雑談では、
話を無理やり
まとめる必要はない。
自然な会話を楽しもう

CASE 37

話にオチをつけたい

オチになりそうな言葉をはさみ込む

A　それで、Bさんは休日をどう過ごされていますか?

B　いやぁ、普段できないようなアクティブなことがやりたいんですが、最近は忙しくて寝てばかりなんです。

A　どれくらい寝て過ごされるんですか?

B　ん〜、多分半日くらいですかね。

A　「寝る子は育つ」って言いますしね!

B　そ、そうですね。私もう40ですけど……

終着点を決めて、それに向かって話す

A それで、Bさんは休日をどう過ごされていますか？

B いやぁ、普段できないようなアクティブなことがやりたいんですが、最近は忙しくて寝てばかりなんです。

A やっぱり、ご昇進されたことが関係してるんでしょうか？

B ええ、昇進については願ったり叶ったりだったんですけどね。

A うれしい悲鳴というところでしょうか？

B ですねぇ。贅沢な悩みかもしれません。

結論から申し上げると、雑談にオチは必要ありません。ただし、これは「笑える・予想を裏切る結末」の意味のオチをつける必要がないということです。漫才師でもない普通の人がそんな高度な真似事をして、場がシラケるリスクを負うことはありません。

ここでは話のオチを、「話の終着点」と考えてみてください。相手に伝えたいことや、相手から引き出したいこと、何のために会話をしているかなど、雑談の先に目的を置き、そこを「オチ（終着点）」と捉えるのです。

例えば、「相手のプライベートを知りたい」という目的をもった上で話を展開させると、「忙しくて週末は寝てばかり」と答えてきた相手に対しての返答も、もっと私生活を知るための質問や、相手の状況を理解しようとする質問へとかわってくるはずです。

雑談の最中に、もって行きたい方向性を見極めながら会話が展開できれば、またひとつ充実した時間が過ごせるかもしれませんよ。

雑談にオチは必要ない。でも、
話の目的を決め、
そこに向かって
会話を広げるのはアリ

CASE 38

困った話題を終わらせたい

相手に容易に同調したり、反論する

A　あの人、口先ばかりで、いい加減な行動が多くないですか？

B　あ〜そうかもしれないですね。

A　あの説明だけど、横文字ばかりで理解できないよ。それに説明にしては言葉が足りないんじゃないかな。

B　お言葉を返すようですが、理解力が足りないのではないですか。

あいまいな相づちで適当にかわす

A　あの人、口先ばかりで、いい加減な行動が多くないですか？

B　う〜ん、どうでしょう。

A　この前も自分でするって言ったのに、全然進んでいなかったんです。

B　そうなんですか〜。

…………………………

A　あの説明だけど、横文字ばかりで理解できないよ。それに説明にしては言葉が足りないんじゃないかな。

B　そうでしたか……

人の陰口や説教じみた話を聞かされるのは、苦痛を感じ、やるせない気持ちになることもありますね。同意を求められても困るということもあるでしょう。

そんなときは、なんとなくでも同調したり、正面から反論したりするのはNGです。「どうでしょう」「そうでしたか……」など肯定も否定もしない、あいまいな相づちでかわしながら、その話には参加する気持ちがないことを態度で示しましょう。

どうしてもその話題を終わらせたいと感じたときは、「そろそろ時間なので、ありがとうございました」「またお願いします」など強制終了するのもいいでしょう。

ただし、陰口を言われているのが恋人や友人など身近な人たちで、明らかな誤解をときたいと思った場合、穏やかに反論するのも大切です。どんなときも、相手を思いやった言葉かけをすることを忘れずに会話ができるといいですね。雑談の醍醐味はお互い話を楽しむことですから。

困った話題を終わらせたいときは、

あいまいな相づちでかわし続け、反論するのか、強制終了するかを見極める

CASE 39

そろそろお開きにしたい

「では帰りましょう」と締めくくる

A　もうこんな時間なんで、帰りましょうか。

B　えっ、もうそんな時間……

（唐突だな～）

・・・・・・・・・・・・・・・・・

A　いろいろ不行き届きな面もありましたが、これでお開きとさせていただきます。

B　あ～、大変でしたね～。

帰りやすくなる ワンクッションを 入れる

A　では最後に温かいお茶をいただいて、帰りましょうか。

B　そろそろお開きの時間なんですね。

・・・・・・・・・・・・・・・・・・

A　終電も近くなってきましたので、最後に本日の主役○○さんからひと言お願いします。

B　本日は私のためにお集まりいただきまして、ありがとうございました！

A　次回は○月に予定しています。また皆さんの参加をお待ちしています。

話を切り上げたいときや、会をお開きにしたいときも、スマートにもっていきたいものですね。大切なのは、帰りやすいムードをつくり、自然に帰り支度を促すことです。

そのためには、次のようなワンクッションをはさむことがおすすめです。「最後にデザートでも頼みましょうか」、複数人の場合は、「最後に○○さんからひと言」など、そろそろお開きが近いことを事前に案内して、相手に心構えをしてもらいます。

なかなか会話が終わらないときは、リアクションを抑え、話をまとめる方向へもっていくようにしましょう。話を広げたいときとは逆のアクションをとるということです。

例えば、何か話題を振られても、「ええ、まぁ……」とあいまいな返事を返したり、「ん〜、どうなんでしょう」と自分の気持ちをはっきり示さないことです。これは、上手にやらないと相手に失礼にあたりますので、常に敬意をもって話をしましょう。終わりよければ……と言いますので、話の最後はきれいに締めくくりたいものですね。

気持ちよくお開きにするには、帰る準備を促すワンクッションを使いこなす

CASE 40

別れ際を好印象にしたい

端的にあいさつのみで締めくくる

A　今日はありがとうございました。
それでは。

B　こちらこそ、ありがとうございました。

…………………

A　今日は楽しかったです。
また、誘ってください。

B　はい、よろしくお願いします。
それでは。

具体的で印象的なひと言を添える

A　今日の経験談はとても刺激的でした。またぜひ聞かせてください。ありがとうございました。

B　こちらこそ、愛読書の●●の話は参考になりました。それでは、お気をつけて。

…………

A　今日の音楽の話は楽しかったです。すっかりBさんのファンになっちゃいました。またお聞かせください。

B　それはうれしいですね。よかったです。またお話ししましょう。

別れ際にどんな言葉をかけるかで、相手への印象がかわることがあります。できれば好印象を残し、また会いたいと思わせるような言葉をかけたいですよね。

ポイントはあいさつの他に、その日の話の中で特に印象に残ったことを具体的に伝えることです。「○○の話はとても興味深かったです」「○○の話が印象的でした」などと伝えると、相手もまた話したいという気持ちになります。誰でも、好意をもってくれる人には好意で応えたいと思うものですから。

さらに「○○さんのファンになりました」や、「また○○の話を聞きたいです」など相手の心をちょっと刺激する言葉を添えることで、強い印象を残すことができます。

別れ際に忘れてはいけない注意点がもう一つ。相手が自分の視界から見えなくなるまで、きちんと見送ることです。仕事相手であれば、深々と礼をするのがよいでしょう。そんな姿を見た相手は、あなたによい印象をもって帰路につくはずです。

別れ際を好印象にしたいときは、
自分を印象づける
具体的な言葉でお別れを

CASE 41

次につなげる話をしたい

自ら率先して次の約束を取りつける

A　本日はありがとうございました。また機会がありましたらお会いしましょう。

B　そうですね。それでは、また。

・・・・・・・・・・・・・・・・・・・・

A　本日はありがとうございました。次は日帰りキャンプでも行きませんか？

B　いいですね。あ～でも、まだ予定がはっきりしなくて……

次に会うのが楽しみになるひと言を添える

A　確か、アボカドがお好きでしたよね。アボカドのフルコースの店があるんです。今度は、そこでご一緒しましょう。

B　ええ〜！　なんですかそれ。ぜひ！

A　大変勉強させていただきました。本日はこれで失礼します。アウトドア派とおっしゃっていましたが、いいキャンプ場を知ってるんです。次は一緒にキャンプしませんか？

B　ええ、もちろんです。ではまた！

また会いたいと感じさせる人は、別れ際に、とても印象的な言葉を使っていることがあります。

それは相手の頭に「空白」を残すことです。聞き手に「アボカドのフルコースって何だろう?」とか、「いいキャンプ場ってどこにあるんだろう?」などのように、続きが気になる「フレーズ」を相手の脳内に残し、次回を楽しみにしてもらう、というテクニックです。気になるから早く会って、その空白を埋めたい! という気持ちを利用するのです。

「機会がありましたら」という言葉は、単なる社交辞令に聞こえてしまいます。また、具体的とはいえ、すぐに約束を取りつけようとするのは、強引すぎてかえって引かれる可能性もあるので、注意が必要です。

大切なのは、別れ際に相手から「また会いたい」と思ってもらうこと。それができれば、その場で次の約束が取りつけられなくても、会う機会は必ずつくれるでしょう。

次につなげる話をしたいときは、

次回を楽しみにして もらえるよう空白をつくる 「フレーズ」を使う

「大人の雑談力」主要参考文献

『雑談の一流、二流、三流』桐生稔著、明日香出版社

『超一流の雑談力』安田正著、文響社

『超雑談力』五百田達成著、ディスカヴァー・トゥエンティワン

『誰とでもラクに話せるコツ101』今井登茂子著、高橋書店

『雑談力が上がる話し方』齋藤孝著、ダイヤモンド社

［監修］桐生《きりゅう》 稔《みのる》

・株式会社モチベーション&コミュニケーション代表取締役
・日本能力開発推進協会メンタル心理カウンセラー
・日本能力開発推進協会上級心理カウンセラー
・一般社団法人日本声診断協会音声心理士

1978年生まれ。新潟県十日町市出身。

2002年、全国1,200支店運営する大手人材派遣会社に入社。営業成績がドベで新卒3カ月で左遷される。そこから一念発起し、売上達成率No1を実現する。その後、音楽スクールに転職し、事業部長を務める。

2017年、社会人の伝わる話し方を向上すべく、株式会社モチベーション&コミュニケーションを設立。現在全国40都道府県で年間2,000回伝わる話し方セミナー、研修を開催。具体的で分かりやすいメソッドが評判を呼び、日経新聞、プレジデント、東洋経済ONLINE、Yahoo!ニュースに掲載される。

「説明下手を克服する! 30秒で伝えるピンポイントトーク」「3秒で頭の中を整理する!論理的会話術」など、数々のヒットセミナーを生み出している。

＜書籍実績＞
・図解版：雑談の一流、二流、三流（明日香出版社）
・説明の一流、二流、三流（明日香出版社）
・「30秒で伝える」全技術　「端的に話す」を完璧にマスターする会話の思考法（KADOKAWA）
・雑談の一流、二流、三流（明日香出版社）
・できるビジネスマンは話が短い!　10秒でズバッと伝わる話し方（扶桑社）

監修　桐生 稔

イラスト　emma / PIXTA（ピクスタ）

装丁デザイン　大場君人

本文デザイン　尾本卓弥（リベラル社）

DTP　安田卓馬（リベラル社）

編集　山田吉之（リベラル社）

編集協力　山崎香織・秋元薫

編集人　伊藤光恵（リベラル社）

営業　津田滋春（リベラル社）

制作・営業コーディネーター　仲野進（リベラル社）

編集部　近藤碧・鈴木ひろみ

営業部　津村卓・澤順二・廣田修・青木ちはる・竹本健志・春日井ゆき恵・持丸孝・榊原和雄

劇的にコミュニケーション力が上がる

大人の雑談力

2021年11月30日　初版

編　集　リベラル社

発行者　隅田　直樹

発行所　株式会社 リベラル社
〒460-0008　名古屋市中区栄3-7-9　新鏡栄ビル8F
TEL 052-261-9101　FAX 052-261-9134
http://liberalsya.com

発　売　株式会社 星雲社（共同出版社・流通責任出版社）
〒112-0005　東京都文京区水道1-3-30
TEL 03-3868-3275

　ISBN978-4-434-29575-1　C0030